CAWOD LWCH

Argraffiad cyntaf: 2021

ⓗ testun: Rhys Iorwerth
ⓗ y cyhoeddiad: Gwasg Carreg Gwalch

Cedwir pob hawl.
Ni chaniateir atgynhyrchu unrhyw ran o'r cyhoeddiad hwn,
na'i gadw mewn cyfundrefn adferadwy, na'i drosglwyddo mewn unrhyw ddull na
thrwy unrhyw gyfrwng, electronig, electrostatig, tâp magnetig, mecanyddol,
ffotocopïo, recordio, nac fel arall, heb ganiatâd ymlaen llaw gan y cyhoeddwyr,
Gwasg Carreg Gwalch, 12 Iard yr Orsaf,
Llanrwst, Dyffryn Conwy, Cymru LL26 0EH.

Rhif rhyngwladol: 978–1-84527-804-5

Cyhoeddwyd gyda chymorth Cyngor Llyfrau Cymru

Cynllun clawr a dylunio: Eleri Owen

Cyhoeddwyd gan Wasg Carreg Gwalch,
12 Iard yr Orsaf, Llanrwst, Dyffryn Conwy, Cymru LL26 0EH.
Ffôn: 01492 642031
e-bost: llyfrau@carreg-gwalch.cymru
lle ar y we: www.carreg-gwalch.cymru

Argraffwyd a chyhoeddwyd yng Nghymru

RHYS IORWERTH

CAWOD LWCH

GYDA LLUNIAU GAN
GERAINT THOMAS

Cynnwys

9	12.36pm, 10.11.19
9	9.50am, 27.4.21
10	Rhwng gwres siop tsips a thafarn
12	Ogof
13	Dyddiau ein plant
14	Yng nghwmni'r bardd ar Wells Street
16	Merch y tes
18	Drych
19	Siambr eco
19	Y TikTokiwr
20	Ym mhydew'r *social media*
21	Capela
21	Portread
22	Y pensaer
23	Man gwyn
23	Man draw
24	Wrth fedd Hedd Wyn
26	Noson fawr yn y Steddfod
29	Mametz
30	11.11
33	Lifrai
34	Llannerch-y-medd a chwpledi eraill
35	Rownd-a-bowts, Gwartheg, Siom
37	Hel caffis efo Mam
38	Y mabolgampau
39	*Love Island*
39	Yn y siop DIY
39	Panic
41	Cynhebryngu
41	Wrth smwddio 'nghrys
42	Yng ngosteg yr ymgynnull
43	Y daflen sgrynshiedig

44	Dafydd ap, Gwiwer, Soprano
46	Dolig '17
47	Englynion serch y Nadolig
48	Y galarwr
50	Gwarchod
52	Y lobïwyr
53	Llifogydd
54	Warrenball
55	Yr amaethwr
56	Roedd 'na dŷ
58	Dymuniad
60	Yr Ewros!
60	Zenica, 10 Hydref 2015
61	Caerdydd a Portsmouth, 8 Mehefin 2016
61	Bordeaux, 10 Mehefin 2016
62	Lille, 1 Gorffennaf 2016
64	Lyon, 7 Gorffennaf 2016
65	Caerdydd, 9 Gorffennaf 2016
66	I Siw yn Nhai Duon
67	I Dewi Prysor yn y Black Boy
68	I Osian Corrach yn y George Inn
71	Steddfod y stryd
72	Y Dêt, Wil, Lacsatifs
73	O'r Banc Bwyd i'r Bar Bach
74	Rebals
75	Du a gwyn ydi Guinness
76	Yr anerchiad gwleidyddol
77	Camera
78	Tachwedd '19
80	Ebrill '20
81	Tachwedd '20
83	Facetime
84	Ionawr '21
85	Gwanwyn dros Lanbeblig

86	Cyfrif meirw'r Covid
87	Ebrill '21
88	Llanrwst a chwpledi eraill
89	Llinell
89	Tân
91	Mae'n fwy na dinas
92	Wrth y bar (wedi degawd)
94	Wythnos y glas
95	*Azaleas, Strictly*, Parti
96	Gwe
104	Tri chyfaill
107	Penawdau
108	Yr *holiday let*
108	Y llanw yn Llŷn
108	Ffynnon
108	Hawl i fyw adra
110	Mamiaith
111	Ni'r deisebwyr
112	Tri chyfaill arall
113	Gorymdaith
114	Myfyrdodau am hanner dydd
115	Yr A487 yn Nebo
116	Conglau
118	Parc Dros Rabar
119	Bore o hydref ar Lôn Ddewi
120	Helfa drysor
122	Diolch...

12.36pm, 10.11.19

Dwi'n dal i weld d'anadlu iach, awr oed.
Tithau'r aur oedd bellach
yn ffaith heb ei pherffeithiach.
Mi gofia' i hyn, Magw fach.

9.50am, 27.4.21

Idwal, tydw i'm yn malio fy mod,
gwyn fy myd, am grio.
Mae'r haul fu'n rhy bell o 'mro
yn reit, reit llachar eto.

Rhwng gwres siop tsips a thafarn

Rhwng gwres siop tsips a thafarn mae
'na dŵr uwchlaw'r ceir segur.
A phan ddaw'r nos i mewn o'r bae,
rhwng Twtil Vaults a saim Siop Cae,
ger gwifren ffôn a gwylan strae,
mae'i big yn pricio'r awyr.

Ar awyr ddu, ar ddiwedd dydd,
mae'n tyllu pinnau gwynion.
A heno eto'r nodwydd fydd
o'r pigyn hwn ar dop tŷ ffydd
uwch pei a pheint a deryn rhydd
yn creu fy map amheuon.

Ogof

Mae'n dawel, mae fel seler
a rasys hwyr cwrs y sêr
sy'n ein dwyn dros ewin du
o draeth i lygadrythu.

Rhidyll tywyll ydi'r to:
oes arall yn ceseirio
ei chawod lwch hyd y lôn.

Ac ar waliau'r gorwelion,
goroesi y mae grisial
aeonau dwfn, a dwi'n dal
yng ngwres dy law. Ein hawyr
sy' mor faith, a'n nos mor fyr.

Dyddiau ein plant

Maen nhw'n sôn am sychder biliwn erw
rywbryd yn lledu dros fryniau lludw,
am hin yfory'n troi'r byd 'ma'n ferw
a llanw cry'r môr yn llyncu'r meirw.
Mi ddaw hyn oll, meddan nhw, pan ddymchwel
awyr y gorwel mewn dicter garw.

A dyma'i arwydd drwy'n holl dymhorau,
yn y gwirionedd sy'n llond ein sgriniau:
yn hyrddio ton, yng nghynddaredd tanau,
yn yr ewyn gwyn sy'n troi'n pegynau
yn ddim… Am funud neu ddau, dychrynwn.
Yn daer, nodiwn. Ymlaen â'n diwrnodau.

Yng nghwmni'r bardd ar Wells Street

Mae'n dri o'r gloch y bore ar Wells Street
a rhyngom, ambell air sy'n methu'r bît.
Y bardd sydd efo'i ben rhwng ei ddwy lin
a finnau efo 'mhen mewn gwydryn gwin.
Y sgwrs sy'n mynd o'n gafael fesul saib,
y siarad siop a'r cynganeddu caib
yn tewi fel bydd tâp yn weindio i stop.
Does neb yn hidio bellach. Does 'run drop
ar ôl ac mae o'n ddrych o'n Cymru ni:
dau swrth yn syrthio i gysgu ar setî.
Ar draws y ffordd, mae'r llenni wedi'u cau,
y dreifars tacsi ar eu ffordd i'w gwlâu
mewn gwlad lle mae holl enaid iaith ei hun
yn chwil bendwmpian y tro ola' un.
Ond rywle, wrth i'r cloc droi'r oriau'n fân,
y bardd a ddaeth i'n deffro efo'i gân.

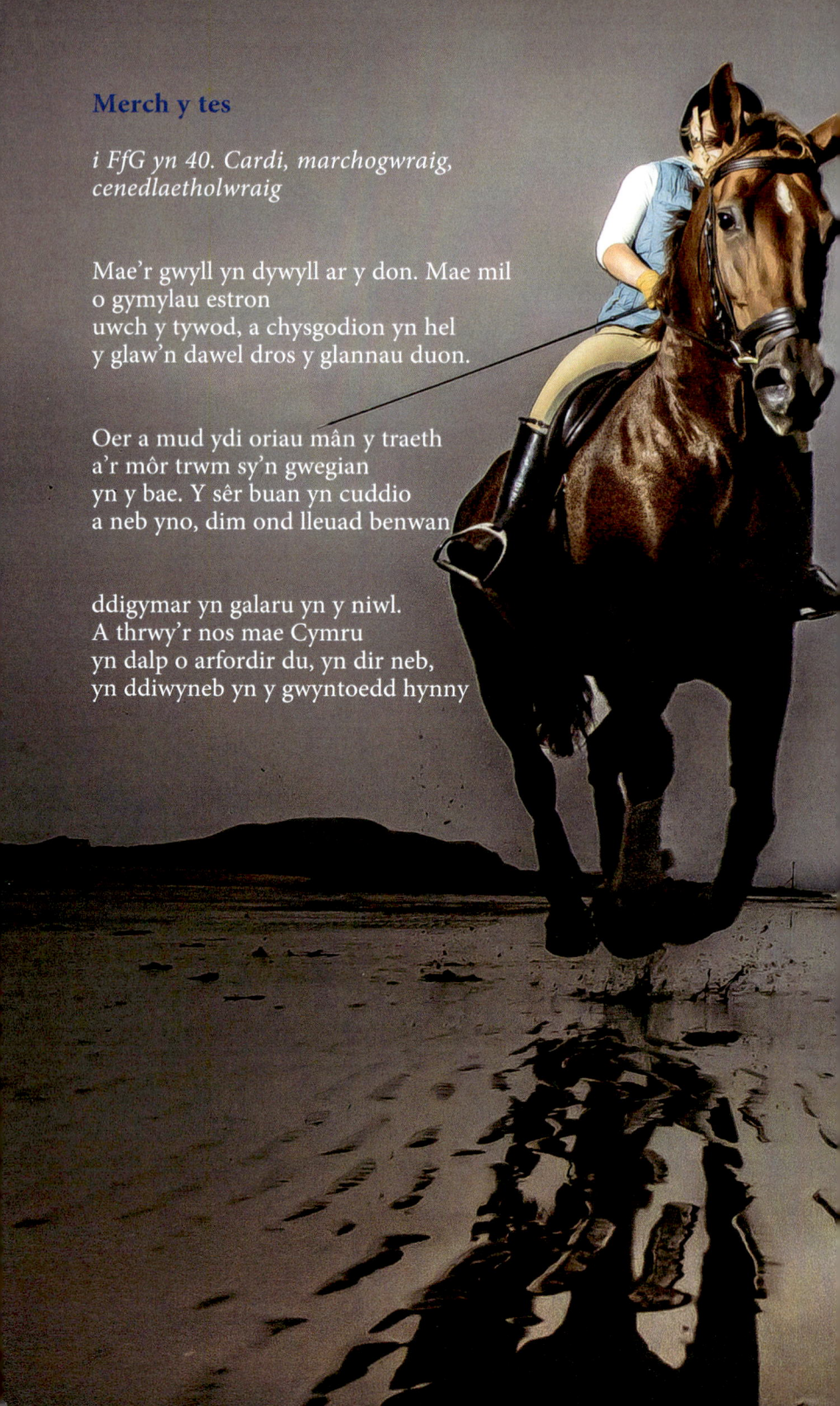

Merch y tes

*i FfG yn 40. Cardi, marchogwraig,
cenedlaetholwraig*

Mae'r gwyll yn dywyll ar y don. Mae mil
o gymylau estron
uwch y tywod, a chysgodion yn hel
y glaw'n dawel dros y glannau duon.

Oer a mud ydi oriau mân y traeth
a'r môr trwm sy'n gwegian
yn y bae. Y sêr buan yn cuddio
a neb yno, dim ond lleuad benwan

ddigymar yn galaru yn y niwl.
A thrwy'r nos mae Cymru
yn dalp o arfordir du, yn dir neb,
yn ddiwyneb yn y gwyntoedd hynny

sydd mor barod i godi. Eto hisht!
Wrth i'r tawch a'r heli
fel un ddisgyn, mi ddaw hi at y traeth.
A hwnt i hiraeth mae gwawr yn torri.

Lle bu'r llanw, dacw hi'n dod o'r môr
ar ei march hardd, hynod,
yn mentro i'r haf er mwyn troi'r rhod a'r lle'n
heulwen y bore'n fwy glân yn barod.

Dilyn wnawn ni'r pedolau trwy'r ewyn.
Trwy'r awel clywn garnau;
mae'i gwallt o'i hôl yng ngolau cynta'r dydd;
mae'n rhydd ar hewlydd sydd heb reolau.

Ar y lan mae'n ail Riannon; yn lli'r
gorllewin mae'n crwydro'n
ei blaen, ymlaen am y lôn, ac mae'r ddôr
yn buan agor ei mabinogion.

Yn haul yfory o hyd oni fydd
yna ferch o'r cynfyd
yn y bae yn wyn ei byd? Merch y tes
yn hel o'r hanes, yn hawlio'r ennyd.

Drych

Yn sownd i ffôn sy'n diffinio ein byw
a'n bod, dwi'n ei dduo.
Ond yn llond ei sgrin wyll o'n
dawel iawn, dwi'n dal yno.

Siambr eco

Â'r twîts bob un, cytunaf; â'r difyr
edefyn, cydwelaf,
yn brawf mai fy safbwynt braf,
diogel *i* o hyd 'glywaf.

Y TikTokiwr

Yn dy fyd, hwyrach dy fod-ti'n enwog,
ond dwi'n hŷn (yn moeli),
a go iawn, na, does gen-i'm
syniad, myn tad, pwy wyt ti.

Ym mhydew'r *social media*

Ym mhydew'r *social media*, yn y dwfn,
dy fyd oll sydd yma
yn dwt mewn rhesi data: dy hobis,
dy obaith tynera';
dy waith a dy ffrindiau da, ac enw
dy gi neu dy gampfa;
dy dad a'th fam, a'r ddrama a wyliaist
nos Sul; dy gweryla,
dy iaith a dy hoff dda-da; dy hoff ffyrdd,
dy ffydd, dy wleidydda;
o'i thop, dy restr siopa, a lliw llawr
(a lliw wal) dy lolfa;
hanes dy we-fusnesa, ac enw'r
feddyginiaeth yna
a gymraist; stôr dy gamra; dy gredo;
dy gariadon cynta'n
ddiamod a fydd yma: pob archeb,
llun dy wyneb...

A does neb yn dweud 'na'.

Capela

Troi mewn cylchoedd oedd y weddi'n ddi-ddal,
nes i Dduw gyhoeddi,
'Gwranda boi, dwi'n ei throi-hi'
un Sul. A dilynais i.

Portread

Un dydd, mi ddoi'n rhydd o'r wal; mi wyri
ar y mur anwadal
a'r bachyn du'n methu dal:
nid wyt ond cwymp diatal.

Y pensaer

Â phensel dawel, mae'r dyn
yn hael â sawl manylyn.
Lein wrth lein mae'n amlhau
yn frwd ei holl fwriadau,
a phob dotyn yn llunio
ei freuddwydion union o.

Ond daw'r rhain, bob un, ar dro
yn rhithiau; yntau'n britho
uwch pensel dawel. Mae'r dyn
yn gadael ei ddesg wedyn.

Man gwyn

I dref tu draw i'r afon, i dafarn
lle nad wyf, i gyrion
rhywle o hyd yr â'r lôn
na wn lle mae hi'n union.

Man draw

Mae un man ynom o hyd, un rhywle
yn yr haul, un ddelfryd,
un haf sydd byth a hefyd
yn llond fy mhen, ben draw'r byd.

Wrth fedd Hedd Wyn

Gorffennaf 2015

Dim ond ni a'r meini mud
sy' yma. Dim yn symud:
awel haf ac arafwch
cysglyd ar weryd yn drwch;
ac o gylch y rhengoedd gwyn,
haul ac ŷd gwlad Belg wedyn.

Gwyrddni lawnt. Y gerddi'n lân,
a gyfuwch â draig fechan,
dyna weld ei enw o.
Anadl. Fan draw'n dadflino
ar y dalar mae ffarmwr
how-di-dow yn cario dŵr.

Noson fawr yn y Steddfod

ganrif wedi'r Rhyfel Mawr

Noson fawr yn sŵn fy ha'
a ges, y peth agosa'
i sesh hurt wrth ddawnsio i hwyl
berw ifanc y brifwyl.

Llwyfan yn bell o ofid
oedd hwn, lle inni'n ddi-hid
drwy fîts Maes B'n ddiflino
daro tant a chodi'r to.
Ac wedi'r gìg, heidio i'r gwyll:
troi bawb i'n tir o bebyll
neu fewn i'n carafanau.

Ond o'r coed ym mhen draw'r cae
roedd rhyw gwrdd hwyr ar gerdded:
milwyr, herwyr ar barêd
anniben rhwng adlenni;
gwŷr main o'r llain dros y lli
a'u gwaed sych a'u llygaid sôr
yn drwm. Gwŷr llesg o dramor
â gwawr od yn lliwio grudd
wedi dod un diwedydd
i'n gŵyl i rannu'u galar,
i droi'r gwair a gwydrau gwâr
ein gwersyll yn gae arswyd,
i ddifa'r bar a'r lle bwyd.

A dyna weld wedyn wedd
y gŵr fu un tro'n gorwedd
yn y dŵr yn Passchendaele
trwy'r maes mewn het drom isel
yn cerdded o'r toiledau.
Mewn gwewyr, mae'n cylchu'r cae
a'i lygad ar ei gadair.
Ond o'i geg, nid yw'n dweud gair.

Y criw gwargam eu tramwy
yn y man aeth yn sŵn mwy:
y fi yn fy nghamperfán
a rhyw eco fel crawcian
o'r cysgod yn dod wedyn
cyn taro ar y to tun:
caneuon brud cywion brain
hunllefus Argoed Llwyfain
o big i big yn dweud bod
ein maes yn dir ymosod…

Yna'n swrth, dihunais i
i lanast rhwng adlenni
a gwên wleb y bore bach
yn lledu. O ddilladach
y gwely codais, druan.
Gwin a mwg. Ac yn y man,
i fy meddwdod steddfodol
a sŵn fy ha', es yn f'ôl.

Mametz

Gorffennaf 2016

Cyffes sy'n ei boncyffion:
nad oes o dan fondo hon
wedi canrif ond cynrhon.

I'w dolydd hi, dal i ddod
yn foliog mae'i thrychfilod;
mae ei hadar a'i mwydod

yn byw'n hir rhwng beionéts,
yn cnoi'n dawel mewn helmets –
dyna fyd coed mud Mametz.

Am wn i. Ni fûm un haf
yn ei dail mewn oed olaf
efo'r brain ar fore braf.

11.11

Pa dawelwch, meddwch? Mae
o hyd ochain. Cadachau
gwlypion, cochion. Cornel cae

yma a thraw, trum a thre,
heolydd wastad rywle'n
waedlyd, gawodlyd, a gwe

o filwyr yn rhyfela.
Fighter jet yn gwybeta.
Tawelwch, tynerwch? Na.

Y galar militaraidd
a'r iaith brudd sy'n brathu braidd
yn nwyster tocynistaidd

eleven eleven. Torch ar lain.
Parêd yn enw Prydain,
ffanfferio heb wrando'r brain.

Gwae'r neb ar ein sgriniau ni,
gwae bawb na wisg ei babi.
Talp o gywilydd i ti'r

gwleidydd sydd i'r dydd yn dod
heb flodyn dangos undod,
heb air o deyrnged barod

heno i'r gwŷr dan gerrig gwyn,
er dal i glywed wedyn
yn Irác yr oriau hyn

dwrw'r waedd. Rocets ar dro
ym Mhalesteina'n tanio;
yn Syria'r ne'n ceseirio.

Pa dawelwch, meddwch? Mae
o hyd ochain. Cadachau
gwlypion, cochion. Cornel cae

yma a thraw, trum a thre,
heolydd wastad rywle'n
waedlyd, gawodlyd, a gwe

o filwyr yn rhyfela.
Fighter jet yn gwybeta.
Tawelwch, tynerwch? Na.

Lifrai

'Yli, boi, mae'n rhyfel byd
anghall, a does dim diengyd,
a rhyw deirant o'r dwyrain
yn trio llarpio ein llain;
dy wlad, dy deulu wedyn
yn nhir y niwcs rŵan hyn…

Cei'n hawdd roi cân o heddwch,
ond rŵan, a'r llan yn llwch,
pe dôi'n ben set, wisget ti'r
sgidiau, ac fel gwir sgwadi,
roi dy hun yn Brydeiniwr?'

Mae yna siawns. Oes, mae'n siŵr.

Llannerch-y-medd a chwpledi eraill

Onid hurt iawn peintio'r tŷ
yn goch sy'n shêd o gachu?

Mae bae sydd ynom bob un
i'w roi mewn storm i rywun.

Mae mynd i Lannerch-y-medd
o'r de fel cwrdd â'r diwedd.

Gwario'r ydwyf ar gredyd,
gwario heb wario dim byd!

Bydd, cyn dolur rhydd, fog rôl
yn yswiriant amserol.

Dau air am holiaduron:
ffycing *boring*, yn y bôn.

Rownd-a-bowts, Gwartheg, Siom

Dwi'n gyrru fy nghar yn ofalus;
ar sawl rownd-a-bowt dwi'n reit garcus,
ond weithiau dwi'n bownd
o fynd bowt-a-rownd:
mae hynny'n *renowned* o ddansierus.

Ni wn i fawr ddim am y gwartheg
ond cefais i ddigon o goleg
i ddeall mai 'mŵ'
yw sut y maen nhw
yn dweud '*How d'you do?*' yn y Saesneg.

Fe'm siomwyd; doedd fawr o neb yno
'mond John Pen-Ffordd-Rong a Dic Drongo
a Vince Trwyn-y-Fall
a Bob Ceg-Ddi-Ball
a'r boi-enw-call dwi'm yn 'gofio.

Hel caffis efo Mam

Gwymon y Fenai a cherrig mân
a heli'r Foryd, gwylan a'i chân,
a Phont yr Aber, ewyn a broc
a'r glaw yn crio ar Stryd Dan Cloc,
a bygi, bagiau a mab a mam
yn cyrchu coffi a brechdan ham.
Wrth Siop y Pentan, powlio yn slei
mae mwg y trothwy o Caffi Cei
a'i seti mwstard, a'i nicotîn
a'i stêm paneidiau, a'i sawl hen gwîn.
Dan ffenest Nelson's, Rochelle's sy'n flas
o bolish derw a charped glas,
teisennau mewn gwydr a thanau nwy
ar bedair olwyn; *gateaux* ar lwy.
Mae to'r Majestic 'dal uwch y dre,
egsôsts y Crosvilles yn rhu trwy'r lle
a fry yn Gronant, ar dop Penrallt
mae 'na fîns ar dost a phỳrms mewn gwallt.
Weithiau'r Bell Tower, a'r goets yn strach
dros risiau llechi, a bisgits bach
neu'r Neuadd Farchnad a chornel dynn
a'r lliain yn sgwariau coch a gwyn.
Rywbryd y cyfan 'lithrodd dros go
yn llanw'r Foryd a thrai'r Lee-Ho
fel broc a gwymon. A mab a mam
yn cyrchu'r domen â'u sgerbwd pram.

Y mabolgampau

Dwi'n llwyddo i ollwng wy o'r llwy
a does 'na'r un drychineb fwy;
yn sgipio tua'r llinell wen
a'r rhaff yn flerwch dros fy mhen
a hogla gwair ac awyr gam
wrth imi faglu ganol llam.

Am glec y gwn dwi'n aros oes
a'r sachau'n crafu ar fy nghoes;
dros dywod, naid i ben draw'r byd
dim ond i lanio ar fy hyd
ac ar draws gwlad mae'n siwrnai faith
a mam a dad â llygad llaith.

Y jwgs o sgwosh, brechdana jam,
y lluchio pêl heb wybod pam
a buwch goch gota ar fy mys
yn trio holi be 'di'r brys
i yrru'r ferfa fesul troed,
i syrthio'n fflat fel gwnes erioed.

Gornestau bach i'm c'nesu cyn
y ras go iawn, a'm byd yn wyn.

Love Island

Y fo'n dduw, y fenyw'n fain; y hi'n hardd,
y fo'n hync sy'n llefain.
Y diben – nwyd. Ebe Nain:
'*Love Island* sy'n lol filain.'

Yn y siop DIY

Yn *alpha male*, anelaf at y tŵls.
Wrth y til, talsythaf.
Yna'n druan, adre'r af
a Rol, y saer, a alwaf.

Panic

I Spar, am fatris a bara neu laeth
yr holl wlad a ruthra
oherwydd mymryn eira
ar yr hewl ar ddechrau'r ha'.

Cynhebryngu

Wrth smwddio 'nghrys

Wrth smwddio 'nghrys, cras hisian y mae'r aer
y medrwn, bosib, falio mwy na hyn,
y dylai fod yn rhywle ddagrau taer
yn gymysg efo'r stêm. Mor llyfn o wyn

y cotwm wrth i'm llygaid ddilyn taith
yr haearn dros y plygion defnydd sych;
mor rhwydd mae'r hetar poeth yn gwneud ei waith
ar fore 'ddylai fod yn un mwy crych.

Mae cwmwl arall ar ei ffordd i'r to
a'r crys yn dechrau edrych dipyn gwell
ond anodd, i fy ngalar, ffeindio'r clo.
Ac wedyn doedd hi ond perthynas bell.

Mae'r ager, yn y man, yn cilio o'r tŷ,
a finnau'n chwilio'r drôr am fy nhei du.

Yng ngosteg yr ymgynnull

Yng ngosteg yr ymgynnull tu allan
mae'r mân siarad mor ddistaw â'r gwenu.
Y finnau'n ceisio dwyn gwlith y borfa'n
gyflenwad rhwydd i'w crio, gan fedru

ysgwyd llaw yn gadarn fel 'gwna dynion
a synio'n gall am y bwlch a'r golled.
Ond mae 'ngheg i'n wag a chledrau 'nwylo'n
llipa; rydw i'n diolch am ro caled

i'w grensian o dan draed, am gopaon
draw fan acw i'w cyfri'n ofalus,
am *breaking news* cyfleus ar yr *i-phone*.
A chan estyn am y paced mintys,

trwy'r cyfan, ger y fynwent, rydw i'n dallt
nad ydi dagrau glaswellt ddim yn hallt.

Y daflen sgrynshiedig

Ym mhelydrau amrwd y bore wedyn
daw'r daflen sgrynshiedig o ddu fy siaced.
Mae'r llun ar ôl un noson wedi pylu'n
barod, y geiriau gwywedig o 'mhoced

yn cyrlio yng nghryndod yr haul trwy'r llenni.
Ac efo'r wawr, mi wela' i yma staeniau
y cwrw'n streips, a'r stremps lawr o'r corneli'n
melynu'r enw, yn smwj dros emynau.

Mae'r ffôn yn bîpian yn y golau cynnar
wrth i'r asprins weithio'u ffis atgyfodol;
diflannu i'w gilydd y mae'r sbarion galar
ac am y daflen: y peth call, sobreiddiol

wrth i'r diwrnod gwyn barhau i dywynnu
ydi'i rhoi'n dawel yn y bin ailgylchu.

Dafydd ap, Gwiwer, Soprano

Mewn clinig (un atal cenhedlu)
o'm blaen yn y ciw yn stryffaglu
roedd un Dafydd Ap
(yn diodde o'r clap).
'Ai Morfudd', me' fi, 'ynte Dyddgu?'

Yng nghaeau Pontcanna un noson
daeth gwiwer fach lwyd o'r cysgodion
a dweud rhwng dau ddant:
'oes gen ti ddim chwant
jest bygro nôl bant i Gaernarfon?'

Er bod dros bum cant wedi gwrando
ar ddechrau fy unawd soprano,
er rhoi iddo f'enaid
pan 'gorais fy llygaid
rhyw ddyrnaid o bobol oedd yno.

Dolig '17

Yn oes Trump a Brexit, rhaid
i finnau chwilio f'enaid.
A rhaid cyfadde'n fy nhro
a chân y clychau heno'n
hel ciwiau i'r banciau bwyd
a hi Wynedd dan annwyd,
a thraha a Thorïaid
hyd ein byd yn sŵn di-baid
ac Ewrop mwy ar gyrion
ein Dolig dig, a gwir dôn
yr ŵyl yn imperialaidd
a ninnau'n brin o dân, braidd:
cyfadde'n fy nhro 'leni
trwy'r twrw nad ydw i –
a niwl rhwng fan hyn a'r nen –
yn rhy siŵr lle mae'r seren.

Englynion serch y Nadolig

Hei, del, mae hi'n Nadolig!
Pa otsh am y tywydd pig?
Heno mae isio miwsig

siriol yr hen glasuron,
a chân dding-a-ling fach lon
i roi naws gŵyl i'r noson.

I'w sŵn y dawnsiwn ein dau –
creu hwyl o gylch carolau
a sieri, a hi'n hwyrhau!

Waltziwn. Mi ddaliwn ddwylo
heb ofid. Hidied befo
os oer y glaw. Mae'r drws ar glo

a rhamant ar bob trimin.
Ninnau'n rhedeg trwy'r gegin
yng nghlychau ein gwydrau gwin.

Dy wên sydd fel dy anwes
yma'n gannwyll. Mae'n gynnes,
a'r tân o'r grât yn rhoi gwres.

Ti a fi, fel mae hi i fod,
a heno rhywun hynod
fry o'r awyr ddu ar ddod

yn ei sled... Mor hawdd credu
ein twyll! Ond mae'n tywyllu.
Yn y gwynt hallt, gwag yw'n tŷ.

Yn fud, pan sbïaf wedyn,
does na thinsel na chelyn.
Hyd y lle, dwyt ti ond llun.

Y galarwr

i gyfarch awduron y gyfrol 'Galar a fi'

Yn y bae creulona'n bod,
un â neb yn ei nabod,
a 'mond y dŵr ym mhen dyn,
a llwyd diddeall wedyn,
a thonnau chwith o unig,
a glaw mân a golau mig,

a dim yw dim, dim ond dwfn
ewynnog fel pwll Annwfn,
ac ar ras, y gwynt yn gry',
heli oer, a galaru
hyd orwel yn dy hiraeth...
eto rwyt yn cyrraedd traeth.

Gwarchod

*i Aled Braich Ddu a'r teulu. Bu farw Sara Anest Jones,
eu merch, mewn damwain car fis Ebrill 2021.
Roeddwn i'n un o diwtoriaid Sara ar y pryd*

Dwi i ferch yn dad fy hun.
Yn dad mor ddi-ddallt wedyn.
Sut teimli di, heno, dwed,
a'r niwl dros Ferwyn, Aled?

O ddydd eu geni, trïwn
fel tadau ein gorau, gwn.
Ceisio bod yno i'w dal;
rhannu'n gofid drwy'n gofal
gyhyd. Ond eu cysgodi
tra byddwn, ni allwn ni.

Mae'n ha' heb Sara siriol.
Yn ha', er na ddaeth yn ôl
ei orchudd haul dros Fraich Ddu.
Ni wn sut boen yw hynny.

Mewn c'wilydd, yn dad diddos,
Aled, drwy niwl dua'r nos,
a neb ag ateb iti,
estynnaf be fedraf i.

Y lobïwyr

Yn y gornel dawela', yn waraidd,
dacw nhw'r hen ffrindia'
pwerus yn swpera
i greu ffrwd o elw da.

Llifogydd

Giatiau tai sy'n fagiau tywod; er hyn,
mae'r holl res yn nabod
sŵn dilyw. Er byw a bod
mewn gobaith, maen nhw'n gwybod.

Warrenball

Tacteg rygbi fondigrybwyll Warren Gatland, rheolwr Cymru 2008-2019, a honno'n dibynnu ar rym corfforol chwaraewyr mawr

Wrth i horwths Arthuraidd
gyda phŵer cryfder craidd
rasio o bell at grash-bôl
ym mri'r godwm ergydiol;
wrth i *hits* y chwimeirth hyn
ar groen a chnawd ddirgrynu'n
ddiarbed, galed ar gae,
yn *aggro*, yn daflegrau;
mae 'na gêm a honno'n gof
gwahanol o deg ynof,
yn yr oes pan fedrai un
â sgil *osgoi* ei elyn
trwy fylchu, trwy gamu'n gynt,
neu hwylio'i ffordd trwy helynt
â gosgeiddig ysgwyddau.
Sgwaria hi, Gats: gwir ai gau?

Yr amaethwr

Dros y ffin, daeth o'r ddinas
efo'i raw a'i acen fras.
Mewn 4x4, prynodd ffarm
oer, ddiarffordd (ei eurffarm)
a'r hen doff mewn darn o dwîd
(o radd) yn prynu'i ryddid.
Dan gap stabal fel stalwm,
prynodd loi (trodd y lloi'n llwm)
ac yna un pnawn Gwener
hunodd y ffowls; nid oedd ffêr.
Pranciai defaid drwy ei dŷ
a deg hwch ffond o'u cachu,
a salw oedd streips olion
y tail ar bob welingtón.
Ac felly'n difaru'n fawr,
o'i dir rhacs, o'i glos drycsawr,
rhag y wlad a'i brefiadau,
y mwydod, cŵn, a mwd cae,
wysg ei din 'nôl i'r ddinas
yn ei Range yr aeth ar ras.

Roedd 'na dŷ

Roedd 'na dŷ. Roedd hwnnw'n dawel a niwl
bob min nos, ac oerfel
o hyd uwch ei do yn hel y glaw pig:
ei furiau'n unig, ein fory'n anwel.

Roedd o flaen ei ardd foel o yn y gwynt
lôn gam. Ac o'i theithio
heb dy nabod awn heibio. Yna i'r tŷ
dychwelyd bob ennyd a neb yno.

Ond rywle'n ein hwybren ni, y tu hwnt
i streips tamp y llenni,
yno, roedd dechrau stori. A'r gwanwyn,
un bore mwyn, roddodd sgrwb i'r meini.

A dyna weld dy wên un ha'n haul aur
ar y lawnt tu allan,
a gweld enfys dy gusan oddi fry.
Ac yna'n y tŷ mi gynheuwyd tân.

Dymuniad

Ar ôl gwaith, a'r haul i gyd
yn lager yn dy lygid,
a ras yr wythnos drosodd
a grŵn gardd gwrw'n gwahodd
a llatai Ebrill eto
efo'i wres yn cyffroi'r fro,

yng nghellwair y gwair a'r gog,
a rhai'n swil, a rhai'n selog,
a ni'n dau yng ngwanwyn dydd
di-hid yn tincial diodydd,
yna'r hwyr yn nechrau'r ha'n
hel hyd dir leuad arian,

o'n dinas las, gwn fod lôn
i ynys pererinion.
Rywdro, gawn ni'i theithio hi,
at Dwynwen, at y twyni?

Yr Ewros!

Zenica, 10 Hydref 2015

Wedi i ni golli gyhyd,
wedi poen, wedi penyd
dilyn yn groch y cochion
hyd y byd, heb yn y bôn
brofi dim, dim ond y daith
i dir neb drwy anobaith;
wedi ein siomi bob siâp
a rhannu'n siâr o anhap;
wedi'n dal mewn torcalon
wrth y lan, yn nharth y lôn,
yn gorau chwarae o chwith,
yn dod adre mewn dadrith;
wedi i Jordan ein gwanu,
wedi i wae'r wythdegau du
a chic din Bodin i'r bar
droi Gwalia yn dir galar;
wedi sioe Bobby, y boi
o'r cynfyd, wedi'r confoi
blynyddol, angladdol hir
dan weld dim ond anialdir;
wedi Rwsia yn drasig,
wedi teithiau'r dyddiau dig,
daeth y wawr, do, a thorri
ym Mosnia'n wynfa i ni.
I'n haf, yn hen ac ifainc,
ffwr' yr awn. Stop nesa: Ffrainc.

Caerdydd a Portsmouth, 8 Mehefin 2016

ar dôn La Marseillaise

Ac mae Mehefin wedi dod i'r tir
a dyma'r Ewros wrth y drws.
Mae 'na lwybrau hir yn ein haros
i Bordeaux a Lens a Toulouse.

Ac mae'r ddraig wedi'i phacio'n fy mag,
ac mae 'na fflag fawr yn fy ffenest ôl,
honno i'w rhoi wrth y gôl.

A chân gwŷr Harlech uwch y môr,
lle mae'r cwch mawr coch yn codi angor....

Mon dieu! Mae hon yn daith
na wnawn ni ond un waith!

Mae'r lôn, mae'r lôn
o Fynwy i Fôn
fel finnau'n mynd i Ffrainc!

Bordeaux, 10 Mehefin 2016

Mi ddaeth hi'n amser i'n baneri
barêdio'u hunain, yn bryd inni
heidio i'r gad, i'n dreigiau godi
yn eu tymheredd, gan taw miri'r
Ewros sy'n ein haros ni! Am newid,
mae awr o ryddid i Gymru weiddi...

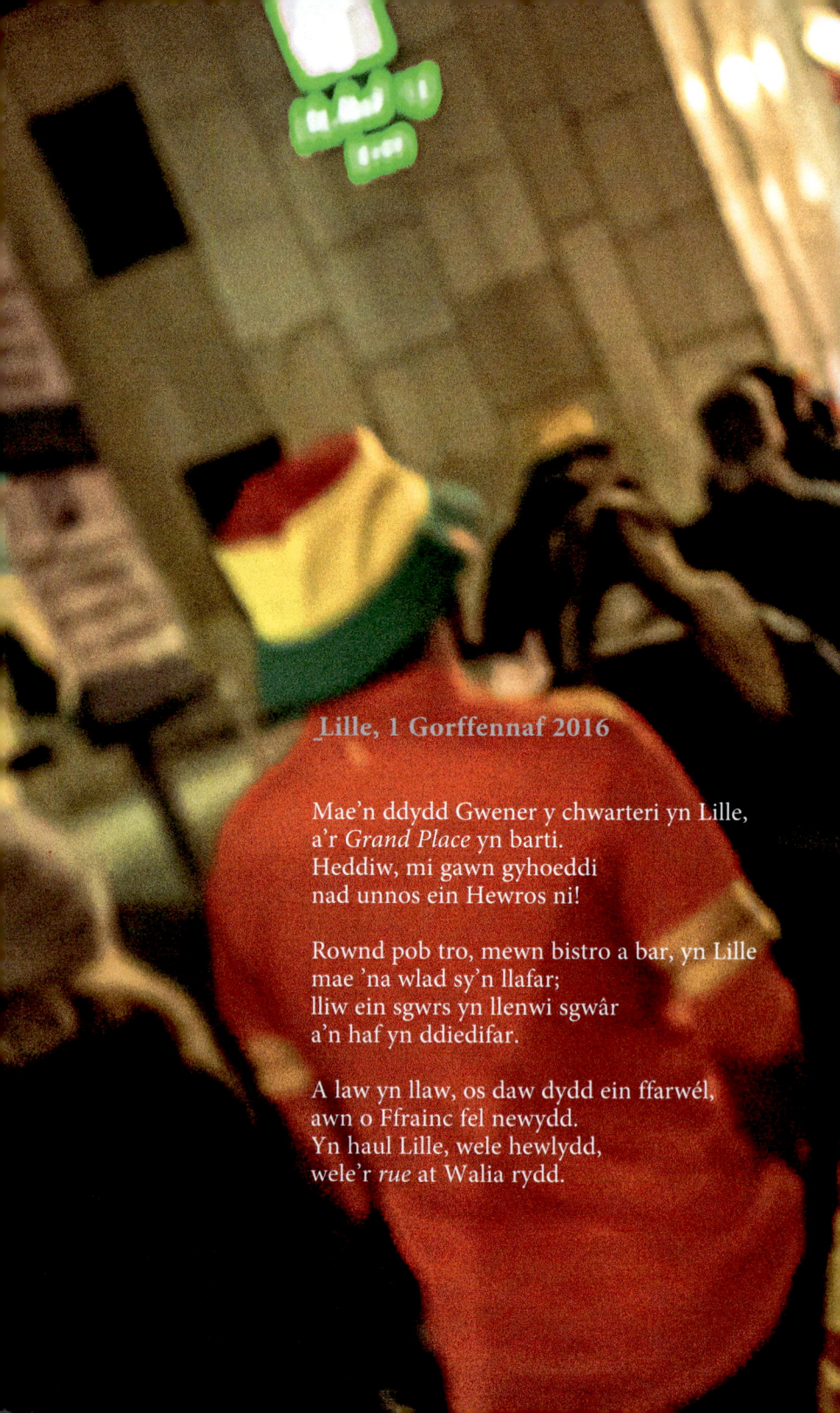

Lille, 1 Gorffennaf 2016

Mae'n ddydd Gwener y chwarteri yn Lille,
a'r *Grand Place* yn barti.
Heddiw, mi gawn gyhoeddi
nad unnos ein Hewros ni!

Rownd pob tro, mewn bistro a bar, yn Lille
mae 'na wlad sy'n llafar;
lliw ein sgwrs yn llenwi sgwâr
a'n haf yn ddiedifar.

A law yn llaw, os daw dydd ein ffarwél,
awn o Ffrainc fel newydd.
Yn haul Lille, wele hewlydd,
wele'r *rue* at Walia rydd.

Lyon, 7 Gorffennaf 2016

Rhwng Rhone a'r Saône dwi'n ista
a'r sêr uwch Notre Dame;
mae'n oriau mân y bora
ond eto – 'wn i'm pam –
yn Lyon rhwng afonydd clên
mae'r dagrau'n llifo, ac mae gwên.

Garonne a'r Seine oedd hefyd
yn pefrio; hithau'r daith
yn llawn o boenau ennyd,
o chwerthin filiwn gwaith;
Toulouse a Lens, Lille a Bordeaux,
a draw i Paris, mynd am dro.

Fy hen gyfeillion honco
a fi â 'nghamperfán;
gwneud ffrindiau newydd gwallgo
o Ewrop bedwar ban.
Ond rhaid mynd adra'n ôl i'r ha':
mae Cymru'n galw. *Au revoir.*

Caerdydd, 9 Gorffennaf 2016

Yn rhes ar res yng nghoch y terasau,
wrth ganu'n y gad dros wlad ein tadau
gwelsom, trwy'r gwin, ein dyfodol ninnau.
Er hyn, be' wedyn? Troi i'n bywydau
yn gryg, yn griw o hogiau 'nôl i ddydd
lle mae'r Gymru rydd yn gelwydd golau.

I Siw yn Nhai Duon

ar noson ein priodas, Hydref 2017

Mae'r parau gorau'n ysgaru. Daw rhai
yn drist i wynebu
diwedd cynnar i'w caru. Gall bywyd
newid mewn ennyd, mi wn i hynny…

Ond nid gwag fy ngwydr, rhagor! Mi ges
yma gysur angor,
i'r oesau mi ges drysor. Mi ges daith
yn tywynnu o iaith rhamant neithior.

Yma heddiw yng nghwm Eidda, ein hydre'
fu'n rhaeadru hindda,
yn rhoi inni haul gorau'n ha' di-hid.
A dal i gyd y mae dy lygada'

afon Conwy'n ifanc heno. Yna,
o'r wledd win a'r joio,
adre'r awn a chael, ar dro, dawelwch
a newydd ddiddanwch i ddau yno.

Weithiau, er holl bethau'r byd a'i dwrw,
er pryderon ynfyd,
ni'n unig biau'n hennyd; yn dyner,
mae amser, mae sêr sy'n aros o hyd.

I Dewi Prysor yn y Black Boy

ar ddathlu'i 50 oed

Ebe Rhys wrth hen Brysor,
sy'n llesgach, bellach, yn bôr,
yn ddyn mewn stâd ddiddannedd
uwch ei beint yn cyrchu bedd,
yn ddiawl sy'n ei eiddilwch
hanner cant yn heirio cwch
dros y don ar Iorddonen,
yn gorpws seriws o hen,
a gwaeth, yn ŵr aeth, wir yr,
i symud efo *zimmer*
yn y Tap gan actio taid,
yn warth hŷn na'r Brythoniaid,
ebe Rhys wrth hen Brysor,
yli'r sgali, dyma'r sgôr:
wyt eto'r hen dwat *eighty*
(ymron iawn), yn fy marn i,
er dy oed, yn sgwennwr da,
yn ddethol wrth ryddieitha,
yn gyfarwydd goferol
sy'n creu stwff reu, roc a rôl.
Drwy losgfeydd rhegfeydd dy fin,
gorau darluniwr gwerin
a rafin o ddigrifwr
wyt ti, un o'r seiri'n siŵr:
Dewi'r awdur a rwyda,
Dewi'r wên a'r darllen da,
Dewi'r swae mewn stori sydd
yn frenin ar Feirionnydd,
a Dewi, drwy dy awen,
sydd heddiw'n rhoi lliw i'n llên.
Gan hynny felly'r hen fôr,
ebe Rhys wrth hen Brysor,
i'r cont sydd ddim hanner call,
o gariad: pum deg arall.

I Osian Corrach yn y George Inn

ar ennill y Gadair ym Modedern, 2017

Ym mhob canrif mae brifo; ym mhob oes,
mae byw weithiau'n blino.
Mewn pen, llais trwm yn pwnio,
yna trên a'i hwter o.

Rhy barod fydd cysgodion y gaea'
i gau; i bellafion
rhyw dwnnel yr â dynion,
a thwll du ar frathu'r fron.

Ar dro, i goncro'r hen gur, daw gwanwyn
a daw gwên o gysur.
Ar dro, daw awr o wewyr
un 'nos da' uwch rêlwes dur.

Stori yw hon am y strach a'n rhwydodd
erioed. Ni fydd, Corrach,
fwy o fardd, er clindarddach
oer dy fyd ar bont droed fach.

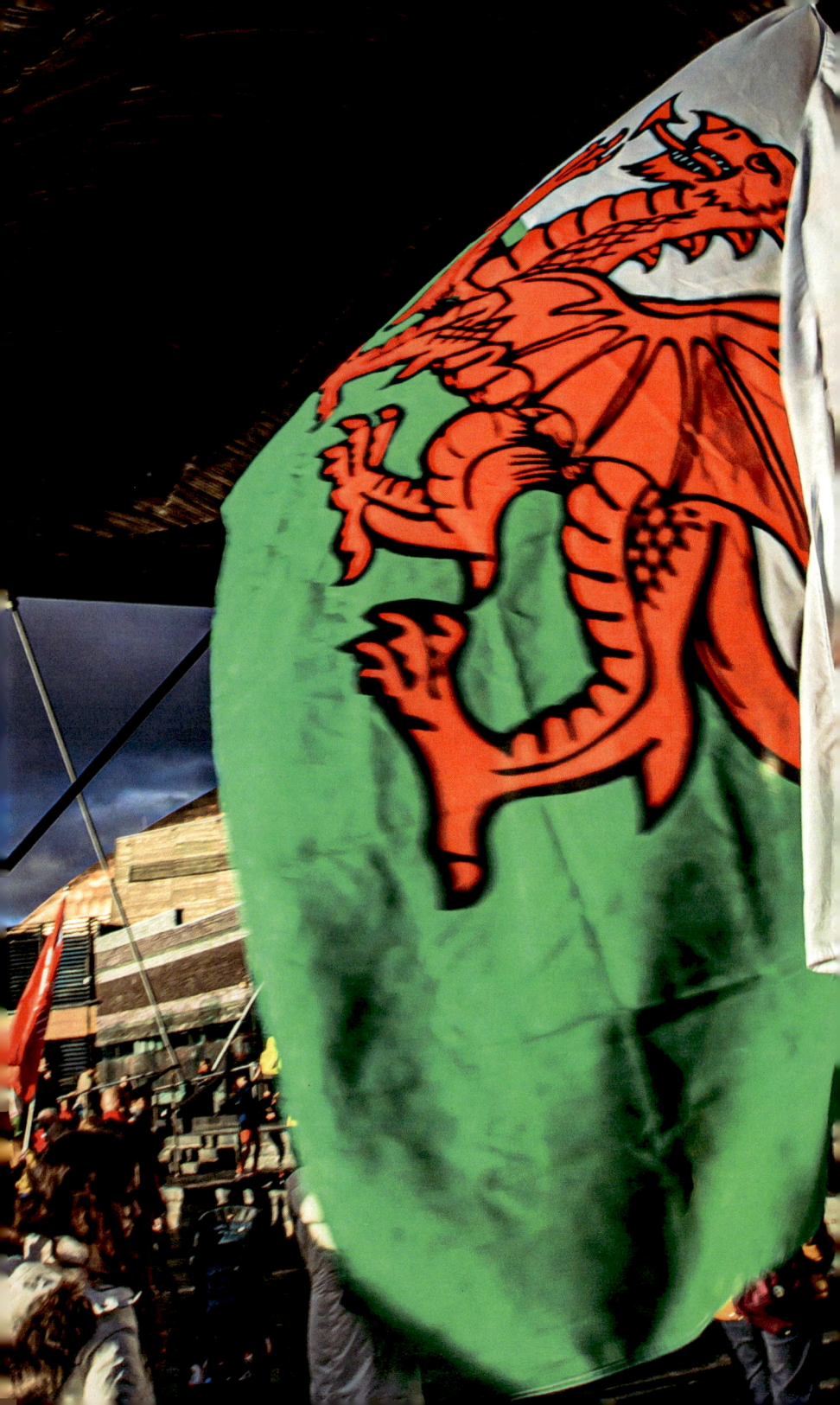

Steddfod y stryd

ar drothwy prifwyl Caerdydd, 2018

Pan fydd hi'n nosi mewn prifddinasoedd
ar rodfeydd yr ha'; pan fydd tyrfaoedd
yn eu Hawstiau hwythau'n blastio'u hieithoedd,
yn anfon yn dwrw i'r cyfandiroedd
fiwsig gìg; pan fydd ar goedd dan y sêr
stori o hyder ar hyd eu strydoedd,

mi awn a'u dilyn. Troi tre'n stondinau
ac o redyn a gwair, dod â'n geiriau
a'n synau hen i'n prifddinas ninnau.
Newidiwn gywair: dod wnawn o gaeau
a bwrw i ganol bariau wrth y gwaith,
a dod â'n hiaith a'i lledaenu hithau.

Dod i'r sgwariau, at waliau, at hewlydd
i wylio mintai yn llond palmentydd;
camu i'r lôn â chaneuon newydd
heb gau ein dorau. A phob cyw derwydd,
yn reu y daw i Gaerdydd: Taf Elái
yn Fenai; St Mary's Street yn fynydd.

Ac yn lle gosteg, awn oll ac estyn:
nid tawelwch, ond *hard*-rocio telyn
a beirdd yn ben, a gitârs yn ennyn
hyd rodfeydd yr ha' dyrfa ddiderfyn.
Y cyfan yn wir, toc, fan hyn, ar stryd.
A dinas a byd yn sbïo wedyn.

Y Dêt, Wil, Lacsatifs

Mi fûm i yn aros am oriau
a'm dêt wedi ffoi i'r toiledau.
Mae gen i ryw deimlad
fy mod wedi siarad
am Hitler, fy nafad fach denau.

'Dwi'n teimlo,' medd Wil, 'yn reit wancus'.
Nid oeddwn yn hollol hyderus
ai treiglo a wnaeth
yn huawdl, ffraeth,
ta dweud rhywbeth gwaeth, yn anffodus.

Mae wastad yn bwysig iawn cofio
y dylai *un* lacsatif weithio.
Os llynci di wyth
i lacio dy lwyth,
bydd angen sawl pwyth i dy stopio.

O'r Banc Bwyd i'r Bar Bach

Ym mhen y dre mae 'na dro
a lôn. Mi weli yno
yn eu heddiw difreuddwyd
rai bob awr â'u papur bwyd
ar y ffordd i hawlio'r ffa
a'u sbarion sleisys bara:
i Gibyn, mynd a gwybod
bob cam mai felma ma'i fod.

Eu hosgoi wnaf; haws gen i
arddel fy mhapur cerddi
a'r byd llên ger y Fenai;
haws dweud dim am stad o dai
wrth ddarllen, yn wên, fy narn
diofid dan do'r dafarn
yng Nghaernarfon fodlonach
berw'r beirdd yn y Bar Bach.

Rebals

Fe aeth ein protestio'n fud, a dofwyd
ein dweud ifanc, tanllyd.
Ond byw i newid y byd
wnaethom unwaith, am ennyd.

Du a gwyn ydi Guinness

Du a gwyn mewn llowciad gaf. Ond eto,
mae mor dwt… A styrbiaf
hyn o wyn a chael, pan wnaf,
ei olch o'r diolch duaf?

Yr anerchiad gwleidyddol

Pan gwyd y llen, darllena o dy sgript.
Sgwria'r wên. Perfformia
i filoedd. Ond gofala
di ddweud dim, fel gwleidydd da.

Camera

sgan 12 wythnos fy ngwraig, Mai 2019

Ar sgrin, mae ein cyfrinach
yn wyrth fyw anferth o fach,
yn ofidion llon mewn llun,
yn ddechrau, eto'n ddychryn.

Ein balchder a'n pryderu
wedi'u dal mewn gwyn a du;
ein braw a charlam ein bron
i gyd yn y cysgodion.

Yn y ffrâm, mae cyffro iach,
a ni'n dau'n dal llaw'n dynnach,
yn fudan, a'n dyfodol
ni yn y byd yn ei bol.

Tachwedd '19

ar ward enedigaeth Ysbyty Gwynedd

Mae'n ddiwrnod oed, ac oedi
mae fy merch fach, fach a fi.
Mae 'na iâ ar gopaon
y tir, ac o'r ffenest hon,
dyna nhw'r cysgodion 'nôl
ar Dryfan. Rhy hydrefol
ydi eira'r Glyderau
ac o'n cylch mae'r gaea'n cau.
Ond wrth y llen, am ennyd
daliaf i, mewn diawl o fyd,
i weld haul yr eiliad hon,
lliwiau haf ar Ward Llifon.

Ebrill '20

Mae'r ddau gymydog gynt fu'n fud
yn taro sgwrs ar draws y stryd
a'r dyn sy'n mynd â'i gi am dro
yn codi pen i ddweud helô;
mae gwraig drws nesa'n dod bob pnawn
i holi ydan ni yn iawn.

Mi awn â'r ferch, sy'n bum mis oed,
i wrando'r adar yn y coed
ar stryd ddidraffig. Amser te,
a'r holl enfysau hyd y dre,
mi wyliwn gynadleddau'r wasg.
Ni sylwn ni ar basio'r Pasg.

Mae diheintyddion ar y bwrdd,
a jèl i'r dwylo. Ninnau'n cwrdd
i'r cwis ar Zoom gan fynnu bod
yr haul ar fryn yn siŵr o ddod.
Mi hwyliwn goctels inni'n dau
a tharo sosbyn bob nos Iau.

Yn 'Sbyty Gwynedd, mae sawl claf,
ac mae hi'n dywydd od o braf.

Tachwedd '20

Mae'n flwydd, ac mae'r byd 'ma'n flêr; yn un oed
â'i nos mor ddibryder.
O na chawn ei dawn dyner
i weld swllt yng ngwlad y sêr.

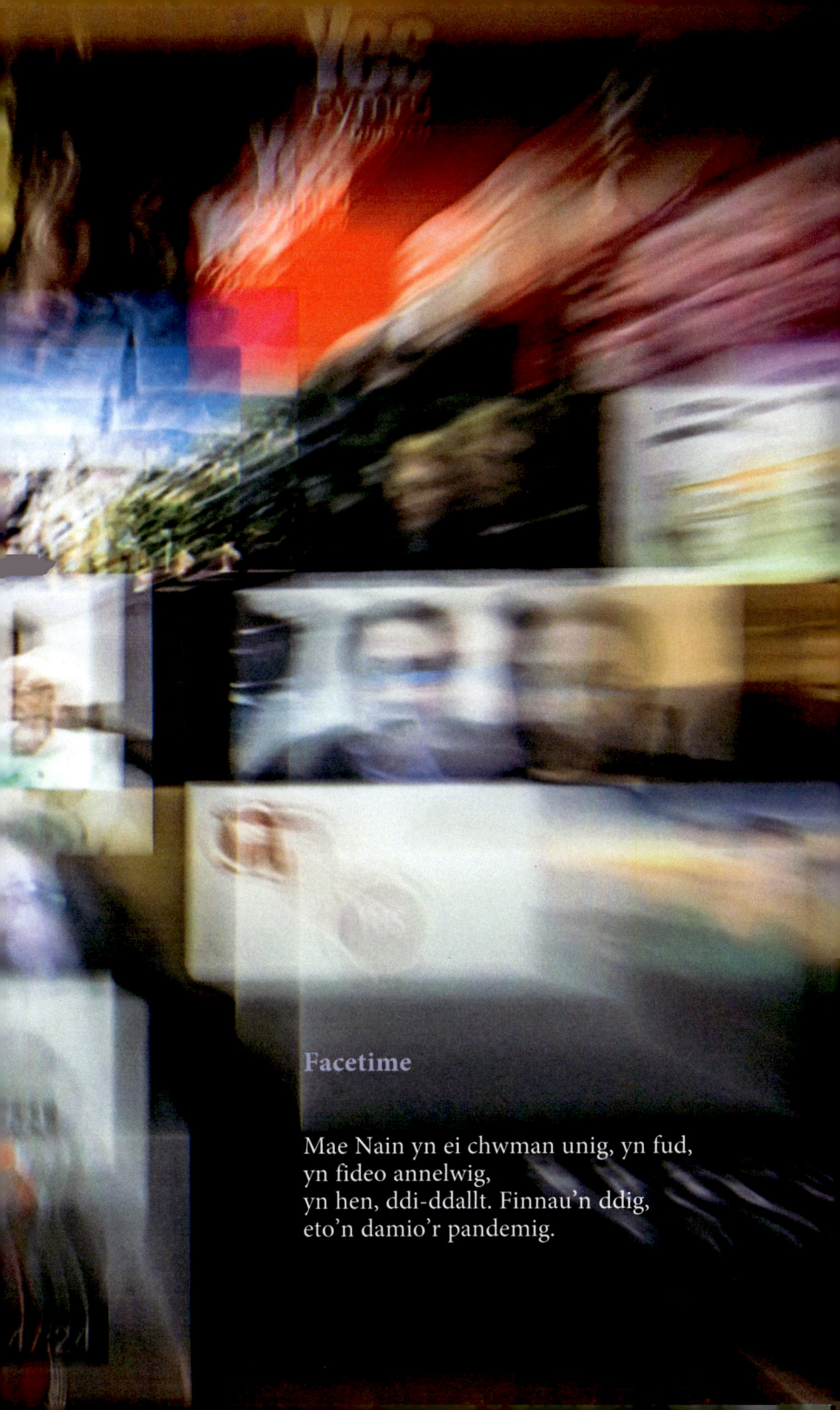

Facetime

Mae Nain yn ei chwman unig, yn fud,
yn fideo annelwig,
yn hen, ddi-ddallt. Finnau'n ddig,
eto'n damio'r pandemig.

Ionawr '21

Mae'n big, yn bandemig du. Mae'n anodd,
mae 'na hen ddiflasu.
Ond hon? Mae hi'n tywynnu
eto haul rhwng waliau'r tŷ.

Mae'r Covid a'i ofidion yma'n drwm.
Ond drwy'r holl dreialon,
siarad mae mil cysuron
di-baid ei llygaid bach llon.

Os maith, os diflas a mud ein bore
a bob awr ddisymud,
daw hi a'i chleber diwyd
yn dwt-twt, twt-twt o hyd.

Pan fydd ein cinio'n troi'n smonach, yn fom
ar fwrdd, yng nghlindarddach
f'amheuon, sobraf, mwyach:
locdown sy'n iawn â hi'n iach.

Gwyliaf, cyn amser gwely, yn y bath
holl obeithion fory
yn hwyl a sioe'r sblasio hy.
A min nos, mae ynysu'n

haws o hyd trwy antics hon. Pan ddaw'r wawr,
mae hi'n rhoi'i holl galon
i ddynwared. Ddoe'n wirion,
heddiw'i sbort yn newydd sbon.

Mae'r clo'n ddi-ball tu allan a'r gaea'
ar gau. Ond trwy 'mechan,
er pob eiliad ansad wan
a gaf, mae'r dyddiau'n gyfan.

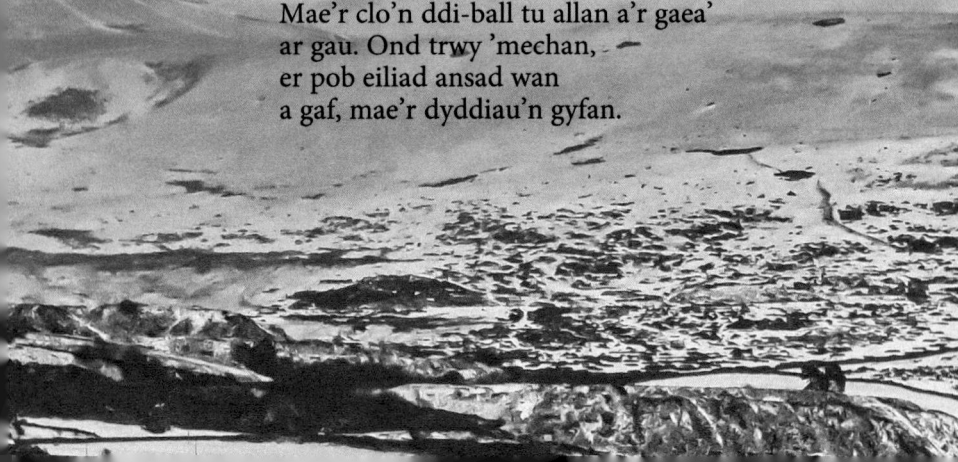

Gwanwyn dros Lanbeblig

Bob blwyddyn, at rywun bob tro, daw hwn
efo'i dwyll a fflachio
ei wên decaf, olaf o:
ffor' yr haul o ffarwelio.

Cyfrif meirw'r Covid

Aeth hi'n rhwydd codi 'sgwyddau ar y rhif
mewn rhes o ffigurau.
Ond ym mhob cymuned mae
rhai heno'n cofio'r enwau.

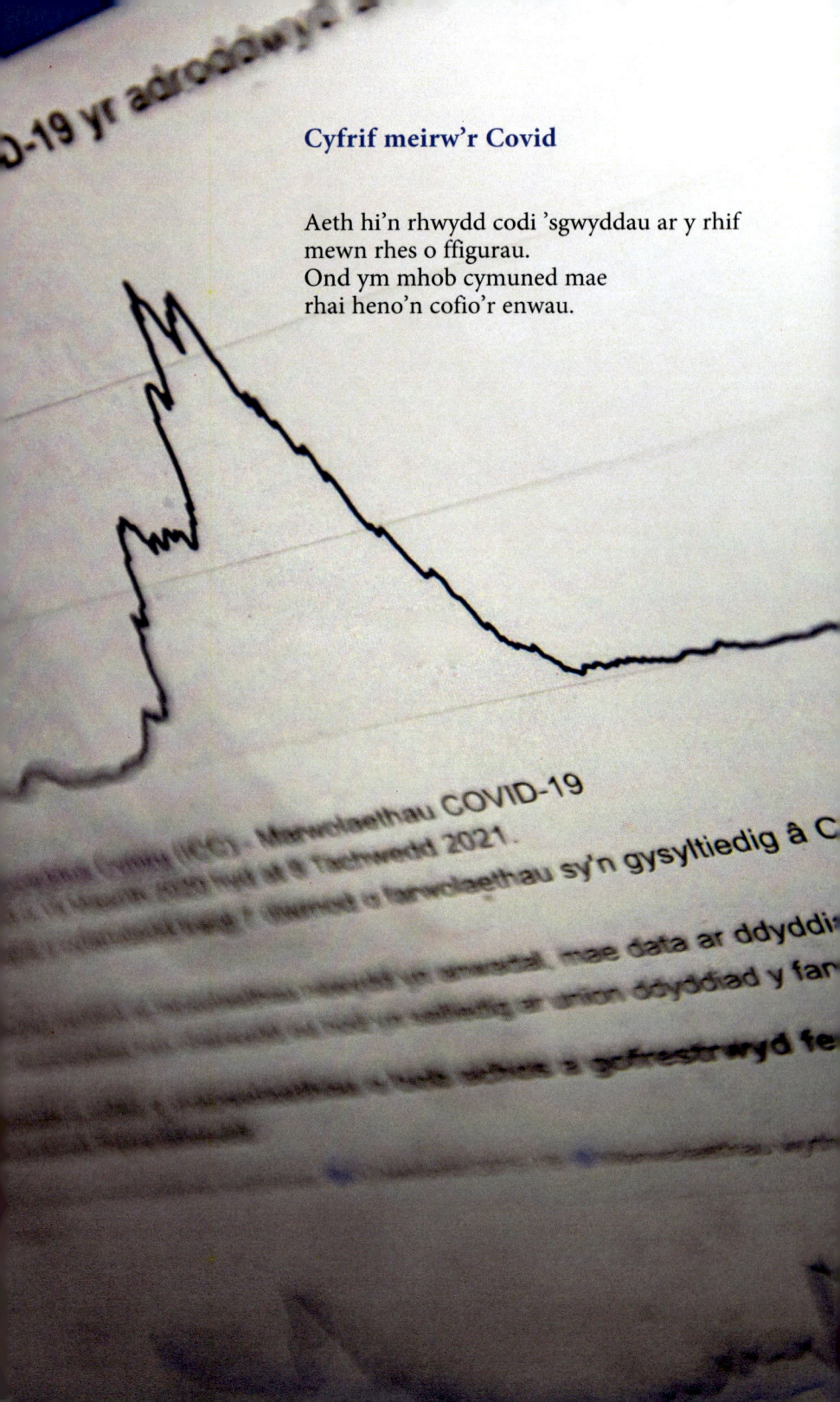

Ebrill '21

gafael yn Idwal, fy mab, am y tro cynta'

Ni ddaliais ddim eiddilach, na chyffwrdd
â chwephwys ysgafnach
yn y byd na 'mabi bach
di-rym. Na chwaith ei drymach.

Llanrwst a chwpledi eraill

Dywyllaf y wlad allan
ac oera'r tŷ, gorau'r tân.

Nid yw Llanrwst yn y de
canys y mae ger Conway.

Yn llais Sais, oes tinc o sŵn
hen foi iawn, os clustfeiniwn?

Trin *i-pad* fel dad ydwyf.
Dim ond un oed, myn diân, wyf!

Nag uchel rech, trech bob tro
yw'r rhai sy'n tawel ruo.

Oni ddaw dydd i ddweud '*Yes*',
awn ninnau yn hen hanes.

Llinell

Hoff iawn yw hon o'm ffin i, yn pitian
patian â'i direidi
dwy oed i'w llygadu hi
a chreu rheswm i'w chroesi.

Tân

Am sbel, aeth hi'n dawel, do, a'n llygaid
ni'n dau'n llugoer eto.
Ond gwreichion gwên fydd heno
yn torri'r ias, fel bob tro.

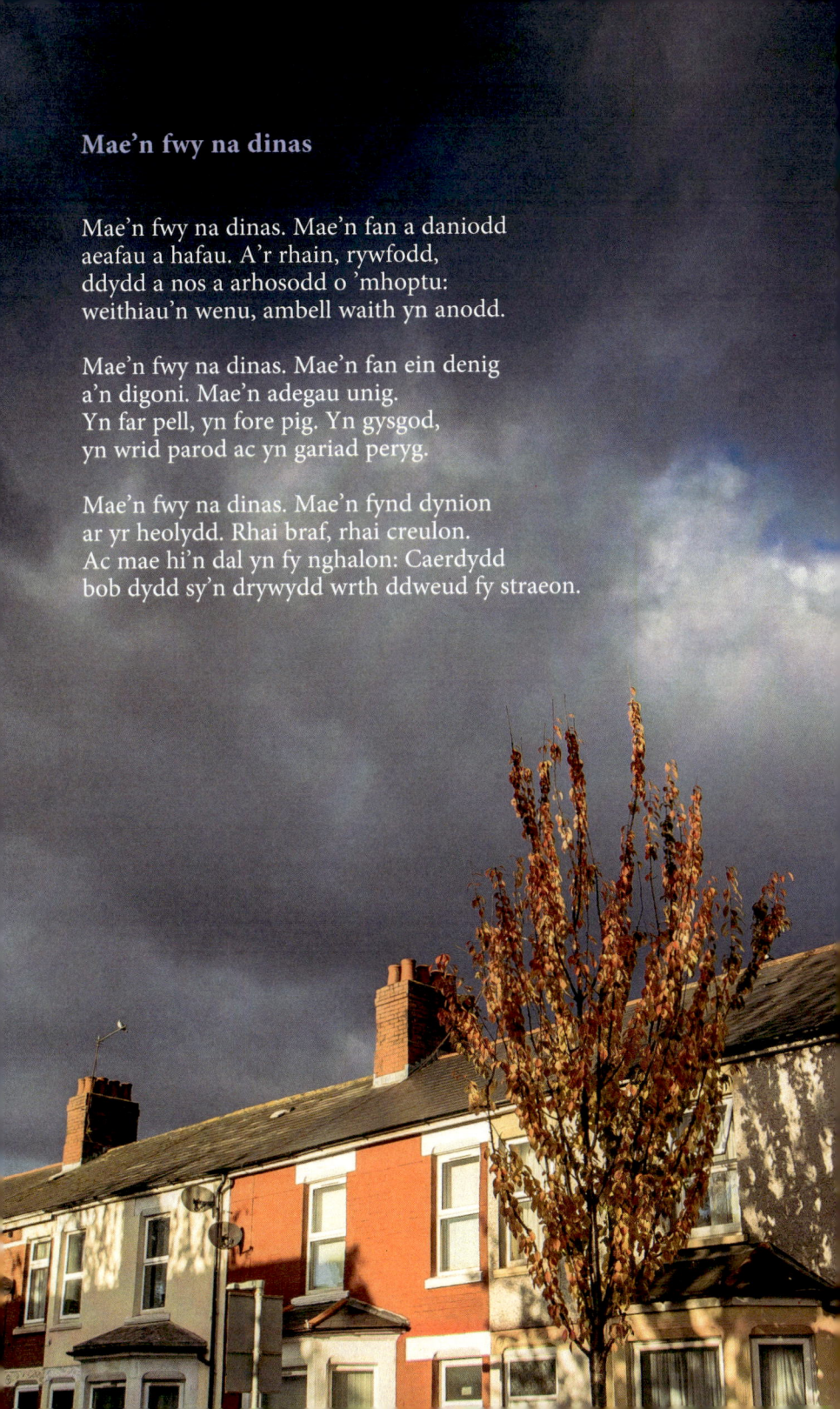

Mae'n fwy na dinas

Mae'n fwy na dinas. Mae'n fan a daniodd
aeafau a hafau. A'r rhain, rywfodd,
ddydd a nos a arhosodd o 'mhoptu:
weithiau'n wenu, ambell waith yn anodd.

Mae'n fwy na dinas. Mae'n fan ein denig
a'n digoni. Mae'n adegau unig.
Yn far pell, yn fore pig. Yn gysgod,
yn wrid parod ac yn gariad peryg.

Mae'n fwy na dinas. Mae'n fynd dynion
ar yr heolydd. Rhai braf, rhai creulon.
Ac mae hi'n dal yn fy nghalon: Caerdydd
bob dydd sy'n drywydd wrth ddweud fy straeon.

Wrth y bar (wedi degawd)

ymateb i 'Y ferch wrth y bar yng Nghlwb Ifor', sef cerdd agoriadol fy nilyniant 'Clawdd terfyn' yn 2011. Yn y gerdd honno, mae'r bardd yn hiraethu am ferch a welodd yn yr un fan, flynyddoedd ynghynt

Pwy ydi'r hogyn unig? Hwn a'i ben
yn ei beint o ffisig,
uwch y bar yn gwlychu'i big
yng Nghlwb Ifor? Mae'n orig mwg sigâr
a chân o alar am ferch annelwig,

yn nos o dân. Ac ar stôl, eleni
o fy mlaen i'n rhithiol,
mae'r bachgen o 'ngorffennol
yn fan hyn, aeafau'n ôl. Ond eto,
iddo heno mae 'na wedd wahanol.

Mae'n hwyr; mae'n hawdd synhwyro yn huddyg
blynyddoedd aeth heibio
nad ydw i'n ei nabod o,
yr hogyn a'i frest yn rhwygo, y dyn
a waeddodd am un a hi ddim yno.

Wedi hel y degawd ei hun o olwg,
yn y niwl, dieithryn
wyneb hir sy'n llenwi'r llun.
Mae'n od, ond a minnau'n hŷn, yn nolur
ei awr o wewyr, gall fod yn rhywun.

Heibio â'i awyr aeth bywyd – heb aros.
Ac mae'r bar fu'n swnllyd,
a'i fwg drwg a'i fore drud
yn stafell mor bell. Mae byd Clwb Ifor
a'i fôr o ddansfflor o 'nghyrraedd o hyd.

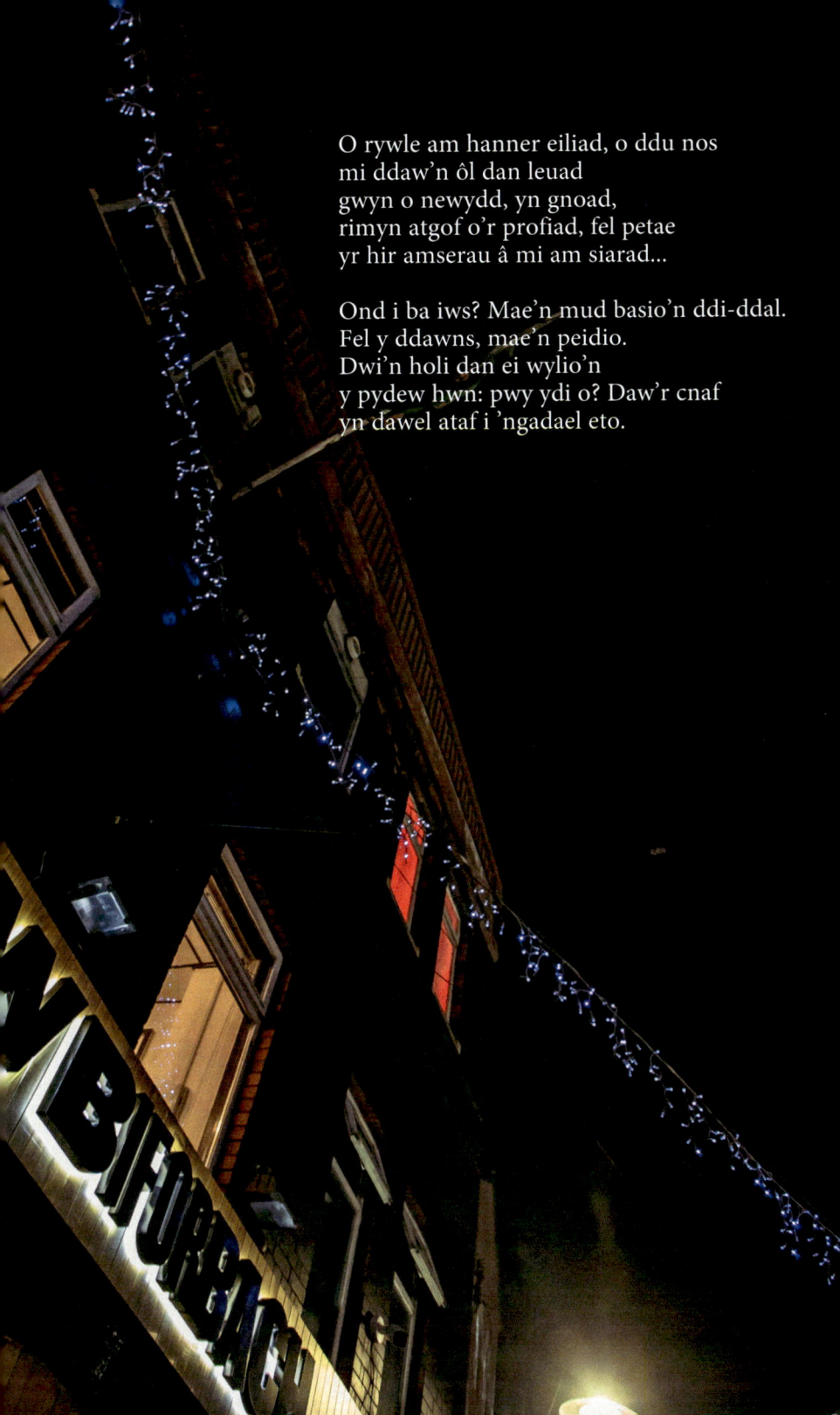

O rywle am hanner eiliad, o ddu nos
mi ddaw'n ôl dan leuad
gwyn o newydd, yn gnoad,
rimyn atgof o'r profiad, fel petae
yr hir amserau â mi am siarad...

Ond i ba iws? Mae'n mud basio'n ddi-ddal.
Fel y ddawns, mae'n peidio.
Dwi'n holi dan ei wylio'n
y pydew hwn: pwy ydi o? Daw'r cnaf
yn dawel ataf i 'ngadael eto.

Wythnos y glas

Mi fûm i unwaith yno,
fy nyfodol ar fy nghefn
mewn sach dan leuad Fedi
efo neb i ddweud y drefn:
Cathays a'i brys a'i thrwst a'i sbri,
ac ar y llawr, fy map mawr i.

Fel hoglau'r neuadd breswyl,
aeth y criw a'r cwrw ffo
ar wib i wyll blynyddoedd
fel fy map, ond ambell dro,
dan leuad Fedi, mymryn nes
am blwc fydd lleisiau pell Cathays.

Azaleas, Strictly, **Parti**

Â bwnsiaid o flodau *azalea*,
hedfanais ar frys i Ostreilia
at ferch o Syr Hugh.
Ond jest cyn cael rhyw,
fe'i llyncwyd hi'n fyw. Crocodeil, ia.

Ar *Strictly Come Dancing* aeth Cled –
peth peryg i horwth maint sied
cans wrth birowetio
fe greodd dornêdo
a nawr yn lle dawnsio, mae'n *dead*.

I barti yr es yng Nghaeathro.
Roedd hanner y bobol yn ffraeo
a rhai'n cynganeddu
a'r gweddill yn cysgu.
Nid parti mewn difri mohono.

Gwe

I stryd dywyll yn Ystrad Dewi
a niwl Ionawr yn rhemp eleni,
draw i'r fall mi grwydraf i.

Trwy'r famddinas, lle mae'i phalasau'n
drewi'n hen o'n nos Sadwrn ninnau,
am y mwg a'r tir lle mae

dihirod wedi rhwydo hwrans
i halio gwŷr tu ôl i gyrtans
am bris, a jyncis di-jans

yn troi'n wyn; lle mae rhai'n cynllunio'n
diflaniad, a'r diafol heno
hwnt i'r wal sydd rownd y tro

a'r glaw wedyn, a'r goleuadau'n
honni'n drahaus bod cloeon drysau'r
dafarn yn gadarn ar gau:

mynd fel sy'n rhaid i enaid o hyd
i weld be', pa fwledi bywyd
sydd o 'mlaen. Mae'n straen, ond stryd

ydi hon â'r atebion i ti,
un stryd dywyll yn Ystrad Dewi.
Fan hyn mae fy nghyfan i.

Hanes drws. Yna staer hir
i lawr reit i seleri'r
ddinas: lloches i ddynion
holi i le'r aiff cwrs y lôn.

'Ti'n hwyr' medd hi'n glewt. 'Yn hy
o hwyr. A ti'n diferu...'

Crogi mae'r siandelïer
uwch ei gwallt, yn llwch a gwêr.
Dau glustlws, tatŵs, a'r tŷ'n
llawn corynnod, llawn crynu.

'Mae hi'n dywydd, myn Dewi.
Ond mi ddoist, yn do,' medd hi.

Hithau'n dechrau ystwytho
yn eu trefn ei bysedd tro
ceinciog, modrwyog o drwm
i'w cael yn rhydd o'u cwlwm.

'Stedda, was. Mi ddoist, o ddallt,
tua'r tŷ er y tywallt.'

Arwydd i sbydu f'arian.
Ac yng nghastiau'r golau gwan,
amneidio doeth, ac mae'n dal
rheswm â'i phelen risial...

'Dyn yn sownd i'w hanes o
wela' i o 'mlaen yma heno,'
medd hi. 'Ac mae am dduo.

'Dyn ifanc, ond un ufudd
iawn i'r drefn. Un rhy driw o'r herwydd
i drïo altro'i drywydd.

'Enaid trist yn aros tranc
sy'n y llun, heb fod lle i ddianc
o'r llwydni eleni, lanc.'

Be am gymar, am gariad?
Ydi'n gweld yn y gwydr am eiliad
rywun ym mhen draw'r troad?

'Mi ffeindi di hi un dydd,
o bosib, was. Ond bosib beunydd
na wnei, na fydd dim newydd...'

I fy lôn felen, i hofelau
Ystrad Dewi a'i stryd o doeau
dwi'n tawel ddychwel. Mae'n ddau

y bore, ac mae'r lle yn boeriad
o niwl a glaw, a gwag o leuad:
hyll o wlyb fel yr holl wlad.

Mewn golau traffig acw'n digio,
mae car mewn tempar – hwnnw'n tampio'n
y strach o aros ei dro –

a'r mieri, o hir ymyrryd,
yn rhacsio'u hafoc trwy'r brics hefyd.
Mae'n boitsh, ac mae'n domen byd

o dai bync, lle mae staeniau sbyncio
ar sanau, ar fatresi heno.
Adre'r af, fel claf. Troi'r clo.

I ddiddymdra swyddfaol
dydd Llun dwi'n anelu'n ôl.
Trwy'r pedwar gwynt, dilyn taith
o gŵyn fel gwnes i ganwaith
at y ddesg a'i chyntedd hi
o sgriniau. Osgoi'r rheini

sy'n cyfogi storïau uwch eu teis
yn eu hiaith neis am eu penwythnosau,
neu'n heidio rownd paneidiau i ganmol
eu bywydau dethol a'u gwibdeithiau.

Pwnio 'nhipyn cyfrinair.
Rhannu'n gudd yr unig air
sydd wir o bwys heddiw i'r byd.
Ond i be'? Ffenest bywyd
sy'n agor ac yn torri
calon â'n newyddion ni

fod, yng Ngwalia'r didaro, le ar chwâl:
y lli diatal yn lledu eto
a brid o staff dihidio yn fan hyn
yn y tyrau gwyn, yn torri i ginio.

Twtio ebyst. Atebion.
Gwlad o ffŷs. Galwadau ffôn.
Y gwylwyr diogelwch
yn snwyro heibio. Rhyw hwch
uchel ei chloch a'i haul hi
o'i thin yn rhithio ohoni.

Y wendon o Brydeindod yn nesáu,
a'n gwŷr ninnau a'u geiriau anhynod
yn gry' mai felly mae'i fod: yng Nghymru,
yn hir y pery ein swcro parod.

I dywydd Ystrad Dewi
yn fy ôl mi grwydraf i
i'r fall, a chysuro fy hun
â'm dedfryd o hyd wedyn:
nes daw'r awr i roi fy nghred
mewn angau, dyma 'nhynged.

Mae'n gwanwyno. Yn Soar, un neu ddau
hen ddyn mewn act deyrngar
sy'n baglu gwasgu o gar
di-deulu. Hyd y dalar

draw o Ystrad Dewi, trïo'n waraidd
mae'r trên hwyr i 'ngharío
yn gynnar tuag yno
glep wrth glep trwy'r cymoedd glo.

Ac o gynnull, dacw ganu'n y coed,
llwynog haul yn gwenu,
fel tai'r bryniau'n amau'n hy'r
angen i gynhebryngu.

Does neb yn doethinebu am ryw fwlch
mawr ar fap y Cymry,
dim ond dod yma'n ein du
i'r llan cyn troi a llyncu'n

paned. Does neb yn poeni'n sŵn y gloch
oes 'na glec o ddifri.
Prin wela' i'r parau'n holi –
fyntau mewn blwch yn llwch lli –

pwy oedd-o, neu pa waddol adawyd
yn ei dŷ bach trefol,
oherwydd yn dragwyddol
y gwir hallt fydd bygyr ôl.

O'r galar a'i rigolau
yr af i fyth, trwy'r trofâu'n
drwm o hyd i dir mwll fy nhadau.

Mae'n galan *Rule Britannia*
ar yr haul, a dechrau'r ha'
ar ledu. A thrwy'r wlad yng Ngwalia,

hyd doeau Ystrad Dewi,
mae'n ffanffer o faneri:
Iwnion Jacs yn jarff mewn ffenestri

a pharti'n y famddinas.
Gŵyl o hwyl coch, gwyn a glas
yn rhwydo'r holl strydoedd o 'nghwmpas;

yr heddlu'n tynnu'n lluniau,
yn didol symudiadau'r
tyrfaoedd, a'r rhengoedd cyfryngau

yn wasaidd yn ein gwysio'n
unffurf i gydymffurfio
a mwynhau. Mewn hwff yr af heibio

yn rhy llwfr i fwrw llid,
yn rhy gaeth fel Cymru i gyd i'r stori
i ystyried diengyd.

Haws hitio'r bar ac aros
yn ein hogof ni tan gefn nos:
plannu pen mewn plu'n rhy ddiddos,

a daear Ystrad Dewi
yn galw i gof ynof i
eiriau oer y wraig o'r seleri

eleni yn niwl Ionawr.
Mae cwrw a lludw ar y llawr,
a hwyr ydi hi ar f'oriawr.

Noson hafaidd, ac mae 'na sŵn yfed
gwŷr ar orwedd ar y goriwaered.
Ac yng Ngwalia'r tro yma, er trymed
awyr y dyffryn, yng ngwres cymuned
gwenu'n hawddgar mae'r barmed: llawn cellwair
wrth dorri gair yn y gwair agored.

Mae sŵn telynau'n coffáu'n gorffennol
ar faes Meifod, lle mae'r bît steddfodol
yn codi hiraeth, a'r bardd cadeiriol
heddiw'n canu'n ŵr meddw'n ein canol.
Caeau'r ŵyl yn roc a rôl, a thrwy'r gwyll,
twrw'n pebyll yn gantre i'n pobol.

Mwg glas a rizlas. Hi'r barmed raslon
yn dal i ddenu â'i llygaid duon,
yn nos Meifod yn wefusau mafon,
yn gluniau noeth ac yn ruddiau poethion.
A mud awgrymu mae hon dan sêr byd
yn hardd o hyd bod lle i freuddwydion.

Bore o wlith, ac yn lle dadrithiad
acenion siroedd sy'n canu siarad,
yn canu i'n dianc, i'n dyhead
i regi'r farwol. Rhoi gair i fwriad
mae wythnos glòs yn ein gwlad; rhoi'n gysur
rimyn o ystyr i minnau wastad.

Eto ar ddim, troi oddi yma'n
ôl i rigolau erwau Gwalia:
dyna'n rhaid ni er yr ha'.

Hyd yr afon, mae hi'n hydrefu
a hen wynt unig yn ein tynnu
i'r cyrion, yn hyrddio'n hy

trwy Ystrad Dewi, trwy stryd dywyll
llawn gwestai, trwy dyllau hen gestyll.
Fel claf, mi gamaf i'r gwyll

hwnt i'r niwlen sy'n taro'n hewlydd
a'n gwŷr diog, a'r rhai diawydd,
yn ôl at y gongol gudd

a'r fforchio'n y lôn, lle gwela' i
ddrws a staer, heb ddiwedd i'r stori,
at y wraig a'i seintwar hi.

Yn nannedd Ionawr, hon oedd y ddynes
a benderfynodd ben draw fy hanes;
y finnau i rwyd proffwydes yn disgyn
yn llipryn o hogyn, yn byw'r neges.

Heddiw eto, dyma hi'n ddiatal
yn dwyn i'w ffau eneidiau anwadal
i rythu'n daer. Hithau'n dal hyd angau
i lenwi'r oesau â'i phelen risial.

Ac mae'r hin yn Ystrad Dewi'n duo,
oni ddaw'r awr i rai'n ddewr ei herio
hi a'i chelwydd trwy chwilio, am unwaith,
yma am obaith – a chamu heibio.

Tri chyfaill

Boris Johnson

Pennaf gelwyddgi'r tiroedd, a thwyllwr
trythyllaidd ei gyhoedd.
I'r gwynt y llefaf ar goedd:
'hwn yw *arsehole* ein hoesoedd!'

Daniel Kawczynski

Hei Daniel, y cwd o wenwyn, un gair
i gall (gan foi addfwyn):
yn ein gwlad fach, â'th achwyn
twp, trahaus… paid hwpo trwyn.

Nigel Farage

Arno'n uchel, carwn wichian y gwir
dros y gau, cyn sgrechian
yn ei glust, mewn Saesneg glân:
'*you're a wretched* cocrotchan!'

Penawdau

Pan fydd rhai eto'n honni
fel pe'n ffaith bod dy iaith di'n
farwaidd – chdithau ar ferwi –

a siwdo-selébs wedyn
yn d'erlid, a rhyw bidyn
yn poeri o bapuryn

y dydd ynghylch sain dy 'ell'
neu dy 'ech', yn llawn dichell,
y mae dagrau weithiau'n well –

o chwerthin. Ac i'w tinau
tyngaf y gwasgaf y gau
a'i gywiro â geiriau

hynod groch. Ond bod y gri
yn waedd heb fod sŵn iddi
am mai'n 'y mhen y mae hi.

Yr *holiday let*

Tyddyn. Bwthyn. Airbnb. I gyd
ar gael am bris llogi.
I gyd, o'u gwagio, wedi
creu tir neb o'n cartre ni.

Y llanw yn Llŷn

Gan weld bod y creigiau'n wan, don wrth don,
mae'r lli'n dal i gropian,
a'r môr sy'n drwm o arian
yn hawlio gwlad, fesul glan.

Ffynnon

Bechod, wir, mae'n enw bach del. Ond ow,
ar dŷ mewn gwlad dawel
a hardd, gwell inni arddel
rhwyddach sŵn, a'i alw'n '*Well*'.

Hawl i fyw adra

Trwy'r sir mae'r prisiau'n wirion ar y tai,
a'r to iau fydd eto'n
cilio gan dorri calon,
yn rhy dlawd i'r ardal hon.

Mamiaith

*Geiriau cynta' Magw, fy merch, ar adeg pan oedd mwy
fyth o ymosodiadau ar y Gymraeg yn y cyfryngau*

Os nad oes sŵn claear i'r llafariaid
nac eto synnwyr i'r holl gytseiniaid,
hi ŵyr hyn: eu dweud sydd raid. Drwy febyd,
eu dweud nhw hefyd wnâi ei hynafiaid.

Ac efallai fod rhai wrthi'n trio
poeri ar ei hiaith hi a'i difrïo,
a gwaeth. Ond wneith o'm gweithio. Waeth â heb
ydi ei hateb â'i thafod eto.

Hen iaith ddibwys, meddai'r brith ohebydd,
iaith bitw, farw. Ond yn lleferydd
diaros hon, hyder sydd: yn wreiddyn
yn y lleia' un mae'n iaith llawenydd.

Chi y llugoer, edrychwch i'w llygaid:
o hyd mae'n fyd o newydd-ddyfodiaid.
Un dydd bydd ei llais di-baid, ein hiaith ni,
ei hiaith hi, yn llenwi ei holl enaid.

Ni'r deisebwyr

Mae Cymru'n sarn. Maen nhw'n piso arni.
Yn ddu y rhegwn a chynddeiriogi
ond mi gawn wneud iawn! O'n hen gadwyni,
â dicter parod, mi awn a chodi
deiseb… Dyna'n hateb ni! Byw'n ddiddos
yn sŵn ein beiros a ninnau'n berwi.

Tri chyfaill arall

Jacob Rees-Mogg

Barwn, *turd*. Un breintiedig, ac un gwyn
ac anacronistig,
a Lladin gorffwylledig
Eton *boys* fel ton o'i big.

Alun Cairns

Uber Frit, un byrra'r Fro; un â'i swch
yn nhin Sais… I ddringo,
mor ufudd ei awydd o
a'i law wasaidd i blesio!

Virginia Crosbie

I Fôn y daeth y fenyw i roi'n llwyr
yn eu lle'r ynysryw.
Peth od, rhwng popeth, ydyw
ei bod yn Sussex yn byw.

Gorymdaith

AUOB, Caernarfon 27.7.19

Dwi'n cerdded, ond ydw i'n credu y daw,
wir, ein dydd? Wrth gamu,
yn goeliwr siŵr, fy hanner sy'.
Fy hanner heb benderfynu.

Myfyrdodau am hanner dydd

Hanner dydd. Mae bore dyn
o hyd wedi… mynd wedyn.

Hanner dydd. A bydd y bol
yn wag iawn yn ei ganol.

Hanner dydd. Pwynt ar y daith
na ddaw mewn diwrnod ddwywaith.

Hanner dydd. Mae'n amser da
i foi gnoi wrth giniawa.

Hanner dydd. Go anfuddiol
ceisio'r wawr yn awr yn ôl.

Yr A487 yn Nebo

Am hydoedd, rhwng pob carreg filltir wleb,
pob tŷ pen ffordd, a'r trefi yma a thraw,
mae'n siwrnai braidd yn seithug trwy dir neb
o'r de i'r gogledd dan gawodydd glaw.

Y wlad sy'n dod â'i dagrau styfnig hi
i dorri'n deilchion dros y ffenest flaen
a finnau'n dilyn llwybrau dau neu dri
o deiars trwy'r diferion ar y paen.

Dim ond pan gwyd un darn o orwel clir
i 'nhynnu i i'w gwfwr ddiwedd dydd
y gwela' i lafnau haul pen pella'r sir,
a'r rheini, ym min hwyr, gaiff ddweud y bydd

yn rhywle, rhwng fan hyn a phen draw'r daith,
y lôn am adre wedi gwneud ei gwaith.

Conglau

*ar achlysur lansio cyfrol Angharad Price a
Richard Outram, 'Trysorau Cudd Caernarfon'*

Dwi'n nabod holl gonglau y llefydd hyn
a'r un ydi'u lliwiau, eu du a'u gwyn;

yr un olygfa ag a welais o'n byd
wrth ddringo Ben Twtil, wrth grwydro pob stryd;

mi giwiais am fysus, mi d'wyllais bob siop,
mi ges i fy nghicio'n ddu-las yn Cae Top,

a nofio yn Leshi, ac mi wn i yn iawn
am regi'n yr Oval a tsips Clwt y Mawn.

Does arna i'm angen na chwmpawd na map
i wybod o ble y daw gwyntoedd y Gap

na dŵr afon Saint, na'r wylan a'i strach,
na'r ffordd o Gei Llechi i ddrws Castall Bach.

Mi basiais bob cilfan, a hyn filiwn gwaith
ond fuish i, rywsut, ddim ynddyn nhw chwaith...

Fel lledrith, bob diwrnod, yng nghornal pob llun,
aileni'n yr heli mae fy nhre fy hun

trwy fflachio ei gwep, yn ddig, neu'n llawn gwên,
mewn ffordd sydd mor newydd, ond eto mor hen.

A'r pethau a'r bobol a welais bob dydd,
yr hyn sydd 'di bod, a'r hyn eto fydd,

o'r ffowntan i'r parc, Lôn Las i Stryd Llyn,
sy'n newid eu lliwiau, eu du a'u gwyn.

Er nabod holl gonglau fy narn bach o fyd,
y rhain, erbyn dallt, sy'n niwlio o hyd,

oherwydd fin nos, pan ddaw'r shytars i lawr,
yn sgwennu ei stori mae toriad y wawr.

Parc Dros Rabar

Ar draws y dŵr sy'n cylchu'r dre,
wrth groesi'r bont mi roedd 'na le
llawn stremps wynebau hufen iâ
a sŵn cae swings yng nghanol ha'.

Roedd yno sleids a meysydd gwair
lle ciciwyd pêl, ac weithiau ffair
a *waltzers* chwil plant mawr yn troi
a chandi fflos i'r heli'n ffoi.

A chrancod, broc a cherrig llyfn
a llanw'r Fenai acw'n ddyfn;
cleciadau peli bowls a'r allt
i'r Castall Bach yn hir a hallt.

Dros bont y glasoed tua'r dre
roedd rhaid troi cefn. Ac aeth y lle
a sŵn ei swings yn oedran gŵr
i fae y Foryd efo'r dŵr.

Ond yma heddiw dyma fi
â 'mhlant fy hun. Dwi'n croesi'r lli
a'r hufen iâ ar wepiau'n staen,
yn mynd yn ôl i gamu 'mlaen.

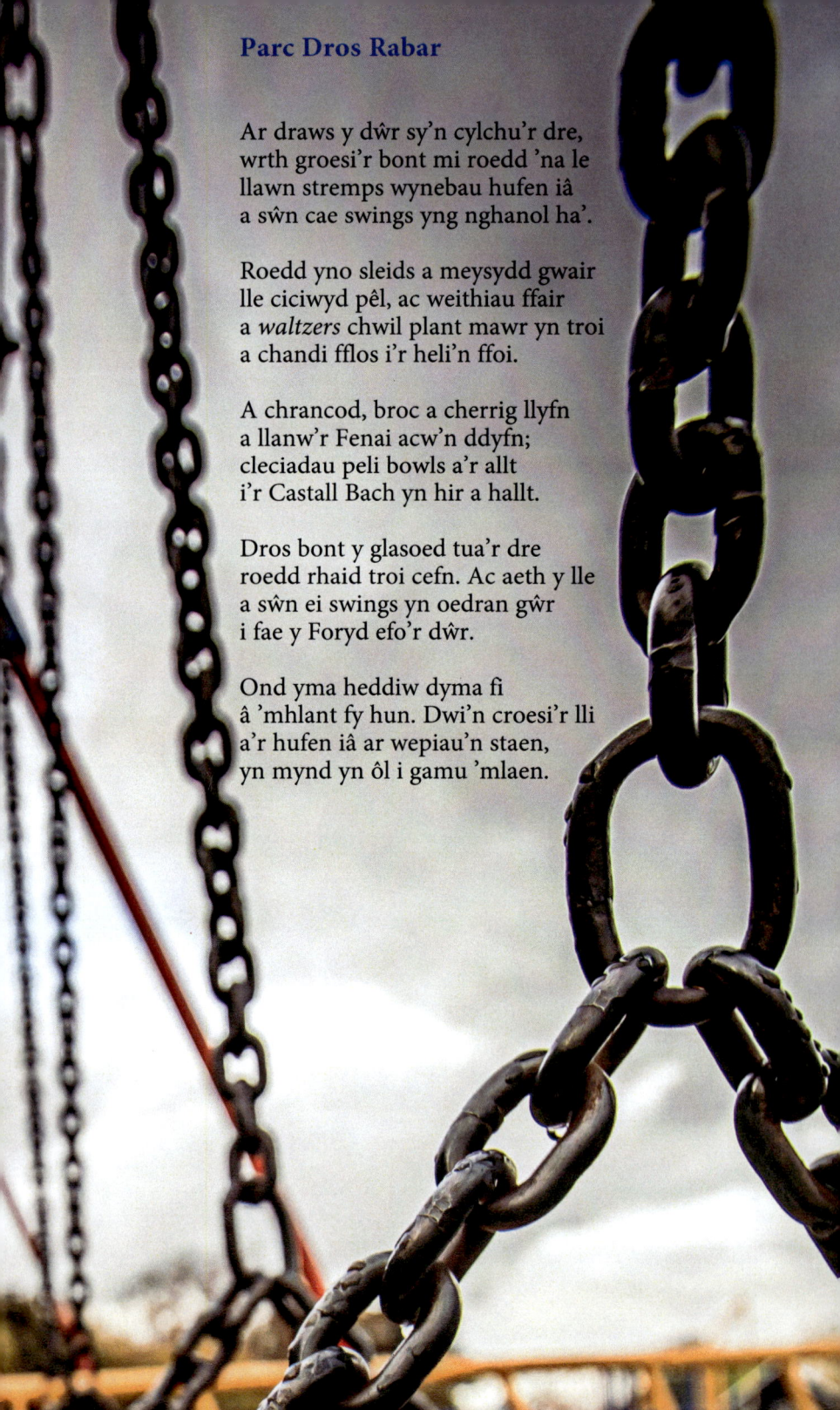

Bore o hydref ar Lôn Ddewi

Dros nos mae'r storm 'di peidio
ac mae gwlithlaw ar y gwair;
mae'r llenni'n agor eto
a gwylanod, dwy neu dair,
uwch Morrisons yn gwichio
ar eu ffordd i dwrw'r ffair.

Drwy'r deiliach a'r llwydolau
dacw'r Fenai'n bŵl ei lli;
mae'r ffenest yn llnau dagrau'i
holion cwsg. Ac yna sbri
yr haul a brys cerbydau
diwrnod arall. Ffwrdd â ni.

Helfa drysor

Ar fap y nos mae posau cwrs y sêr
yn creu set cwestiynau,
a phenbleth dyn sy'n dwysáu
wedi clywed y cliwiau.

Diolch...

I Siw, Magw ac Idwal am fod yn Siw, Magw ac Idwal

I Myrddin, Eleri, Dwynwen a phawb yng Ngwasg Carreg Gwalch am eu gofal efo'r gwaith

I Gwilym Løvgreen am y gwaith prawfddarllen parod

I Ceri Wyn Jones am linellau gorau'r limrigau a'r ysgogiad talyrnaidd

I aelodau timau barddoni Dros yr Aber, Aberhafren a'r Deheubarth am y gwmnïaeth a'r hwb

I bawb sydd wedi comisiynu neu gyhoeddi rhai o'r cerddi, mewn rhyw ffurf, yn y gorffennol, gan gynnwys: Barddas (drwy'i chylchgrawn a'i chyfrolau); Bragdy'r Beirdd; Y Lolfa; Gwasg Carreg Gwalch; Y Coleg Cymraeg Cenedlaethol; BBC Radio Cymru; Eisteddfod Genedlaethol Cymru; Papur Dre; Llenyddiaeth Cymru; Y Stamp

Ac yn bennaf oll i Geraint Thomas (uffar o ffotograffydd) am oleuo'r tudalennau